LA
CONVERSION

DE LA

RENTE 5 0/0

PRIX : 50 CENTIMES

S'adresser

AU

MONITEUR DE LA BANQUE ET DE LA BOURSE

7 — rue Lafayette — 7

PARIS

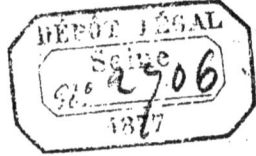

LA

CONVERSION

DE LA

RENTE 5 0/0

PRIX : 50 CENTIMES

PARIS

IMPRIMERIE DE DUBUISSON ET Cⁱᵉ

5, rue Coq-Héron, 5

—

1877

LA CONVERSION

DE LA RENTE 5 0/0

La conversion est une opération qui consiste dans la proposition faite par l'Etat, aux porteurs de Rente, d'accepter soit une réduction d'intérêts, soit le remboursement de leur capital au pair.

Il n'entre pas dans le cadre de cet opuscule de discuter le côté légal de l'opération financière pratiquée et connue sous le nom de « conversion ».

Depuis longtemps ce débat est clos et l'on ne conteste plus le droit que se réserve un Etat de dire à ses créanciers : « Je vous servais un revenu de 5 francs, mais il me convient de ne plus vous payer que 4 fr. 50, 4 francs ou 3 francs ; si vous ne consentez pas à cette réduction, que vous êtes parfaitement libre, du reste, d'accepter ou de refuser, je vais vous rembourser, comme c'est mon droit, votre capital de cent francs. »

La mesure de la conversion n'est donc une surprise pour personne, elle est un droit strict qui appartient à l'Etat et dont il aurait tort de ne pas user, chaque fois qu'il est à même de le faire, dans l'intérêt des contribuables.

Ajoutons que dans l'actualité présente le remboursement de la Rente au pair ne comporte rien de bien cruel, puisque la totalité de notre 5 0/0, créé à la suite des désastres de la guerre de 1870, a été émise en moyenne à 82 francs.

Il en résulte que le rentier originaire, auquel on offre le remboursement à 100 francs, profite d'un bénéfice de 18 francs par 5 francs de rente.

Si l'on ajoute ce bénéfice à la somme des intérêts perçus dans l'intervalle, on trouve que le rentier qui a souscrit de l'emprunt à 82 francs a fait, pendant une moyenne de 6 années, un placement à 9 0/0. (1)

Les capitalistes placés dans ces conditions ne sont pas, comme on voit, fort à plaindre, même en cas de conversion.

Le point de droit n'étant pas discutable, et l'équité n'ayant rien à reprendre à un système connu d'avance et plusieurs fois pratiqué, il convient d'examiner la conversion en elle-même et de rechercher quels sont ses avantages et ses inconvénients.

L'avantage qui saute tout d'abord aux yeux, est l'économie qui résulte pour l'Etat de la diminution des intérêts de sa dette.

Mais cet avantage n'est pas le seul ; l'influence de cette réduction d'intérêts s'étend encore à beaucoup d'autres points, dont voici les principaux : l'Etat peut, grâce à l'économie qu'il réalise, réduire ou supprimer les impôts les plus défectueux et soulager la population laborieuse ; l'intérêt de l'argent, auquel le revenu de la Rente sert en quelque sorte de baromètre, tend à diminuer, ce qui contribue à développer l'esprit d'entreprise, à faciliter le commerce et l'industrie ; toutes les branches du travail, en un mot, gagnent à cette mesure, dont le capital lui-même profite par l'amélioration du prix de la propriété foncière.

Les rentiers mêmes peuvent tirer un certain profit de la conversion, au point de vue de l'augmentation de leur capital.

N'a-t-on pas vu, en effet la Rente 3 0/0 monter de 6 francs dans l'année 1876, tandis que la Rente 5 0/0 ne montait que de 2 francs ?

D'où vient cette perte de 4 0/0 qui, sur un capital de 7 milliards, représente une déperdition réelle de 140 millions ?

---

(1) La plus-value acquise sur nos Rentes depuis 1870 représente plus de 2 milliards de bénéfice pour les rentiers.

Evidemment de la crainte de conversion qui frappe le 5 et qui comprime son essor.

Faites donc cesser cette crainte et rendez toute leur élasticité à nos fonds publics, en réalisant une mesure dont les résultats sont déjà escomptés dans ce qu'ils pourraient avoir de fâcheux.

Les petits rentiers seuls, ceux qui vivent de l'unique revenu que leur apporte la rente, peuvent perdre à la conversion, et malgré tout ce que nous avons cru devoir dire à l'appui de cette mesure, nous ne dissimulerons pas que, pour un certain nombre d'entre eux, elle constitue une épreuve pénible à supporter.

Mais l'intérêt particulier ne saurait l'emporter, pas plus ici qu'ailleurs, sur l'intérêt général, et la conversion aurait pour tout le pays des résultats si considérables et si avantageux, qu'il n'est personne qui soit disposé à en contester l'impérieuse obligation, du jour même où elle deviendra d'une exécution possible.

Ce moment est-il arrivé ?

Le mot *oui* est sur toutes les lèvres. On n'attend, pour le prononcer, que d'être certain que la paix ne risquera pas d'être troublée à l'improviste.

L'espoir grandit à ce sujet chaque jour, et nous nous plaisons à croire que les faits ne tarderont pas à changer cet espoir en certitude.

Aussitôt qu'il en sera ainsi, il n'est pas douteux que la conversion pourra se faire, et même qu'elle s'opérera dans des conditions de succès exceptionnelles.

Notre Rente 5 0/0 est aux environs de 108 francs, et, d'autre part, notre Rente 3 0/0 atteint presque le cours de 74, bien que son coupon vienne d'être détaché.

Or, en 1825, la première conversion s'est faite sur le cours de 102 à 103 francs pour le 5 0/0.

La seconde conversion s'est faite, en 1852, sur le cours de 103,60 pour la Rente 5 0/0 et de 68,60 pour la Rente 3 0/0.

Nous sommes donc aujourd'hui dans des conditions

infiniment plus favorables, à des prix notablement supé-
rieurs, et nous possédons, en outre, une abondance de
capitaux incomparable, telle qu'elle ne s'est vue à aucune
époque.

Cet ensemble de circonstances ne permet pas de douter
de l'entière réussite de la conversion, lorsque le gouvernement jugera à propos de l'entreprendre.

———————

La conversion peut s'opérer de différentes manières.
Il s'agit de déterminer quelle est la meilleure.

Il en est de cela comme du style ; il y a plusieurs façons
d'exprimer une idée, mais il n'y en a qu'une qui soit la
bonne.

On peut réduire le 5 en 4 1/2 0/0 ;

On peut réduire le 5 en 4 0/0 ;

On peut convertir 5 fr. de rente 5 0/0 en 4 francs ou
4 fr. 50 de rente 3 0/0 ;

On peut proposer l'échange de 5 fr. de rente 5 0/0 contre 5 fr. de rente 3 0/0 moyennant une soulte ;

On peut échanger la rente 5 0/0 contre des obligations amortissables ;

On peut trouver encore bien d'autres combinaisons,
ce qui n'est pas difficile.

L'essentiel est de trouver la bonne, et c'est là que gît
le problème.

Nous croyons, quant à nous, qu'il ne faut pas chercher
la solution demandée dans des combinaisons trop savantes, trop compliquées ou même trop ingénieuses.

Nous pensons qu'il faut aller droit au but, sans se
lancer dans des conceptions hasardeuses, et qu'on ne
saurait faire mieux que de se laisser guider par l'expé-
rience, lorsque celle-ci a déjà réussi.

Il suffit d'en suivre les indications avec intelligence et
fermeté.

Or, on n'en pourrait pas trouver de meilleure et de plus
concluante, à notre avis, que celle que nous offre la nation

anglaise, cette nation qui, malgré une dette écrasante, a su porter au plus haut degré le niveau de son crédit.

Le système que nous proposerions de suivre serait donc tout simplement emprunté à celui qui a été employé pour la conversion anglaise de 1822, qui a eu pour effet de réduire le 5 en 4 et qui a parfaitement réussi.

Le succès de cette opération, sa simplicité, les résultats merveilleux qu'elle a eus pour l'avenir de l'Angleterre et pour la prodigieuse extension de son crédit, en font à nos yeux un modèle qu'on ne saurait mieux faire que d'imiter.

Convertir le 5 en 4 1/2, c'est une idée mesquine et bâtarde, sacrifiant les intérêts de l'Etat ou laissant la porte ouverte à une nouvelle conversion dans un bref délai et troublant ainsi la confiance du rentier, justement inquiet du lendemain.

La situation de nos finances permet de faire mieux, plus grand et d'une façon plus stable.

Il serait déplorable qu'on s'arrêtât à une demi-mesure, alors qu'il est si facile d'en prendre une décisive et complète.

Echanger du 5 contre du 4 1/2 en rente 3 0/0, moyennant une soulte, c'est augmenter considérablement le capital nominal de la dette française. C'est manquer de patriotisme, c'est sacrifier l'avenir au présent, c'est déclarer en quelque sorte qu'on n'a pas confiance dans l'amélioration du crédit de son pays, puisque c'est avouer qu'on ne croit pas à la réduction possible et successive du 4 en 3 et du 3 en 2 1/2. Et cependant cette suite de réductions, heureusement conduites, s'est pratiquée chez des nations beaucoup moins riches, moins prospères et moins bien outillées que la nôtre.

Echanger la Rente contre des obligations amortissables, c'est oublier que notre génération a déjà légué à l'avenir la propriété des chemins de fer comme compensation au capital de la dette inscrite.

Ajoutons que l'amortissement fixe et obligatoire est le plus aveugle comme le plus grossier instrument de rachat. Il ne tient compte ni de la situation, ni des charges, ni des ressources, ni des besoins du moment; il frappe la bonne année comme la mauvaise, et contraint parfois l'Etat à débourser, alors qu'il aurait précisément besoin d'emprunter.

Se lancer enfin dans des combinaisons trop savantes, trop nouvelles ou trop compliquées pour être aisément comprises du public et de la masse des rentiers, c'est s'exposer à un échec, c'est risquer plus ou moins une partie qu'on ne doit engager qu'avec certitude de la gagner.

Selon nous, la conversion doit se faire sur les bases suivantes : offrir 4 fr. de rente au lieu de 5, ou le remboursement à 100 francs.

Telle est notre solution, et ce n'est pas parce qu'elle est la plus simple dans son énoncé comme dans sa pratique qu'elle mérite le moins d'attention; au contraire. Elle aurait le triple avantage de réduire sensiblement les charges de l'Etat, de lui réserver le moyen d'opérer dans l'avenir de nouvelles réductions et de procurer un bénéfice au rentier, en restituant à nos fonds toute leur élasticité.

La dette de la France se décompose actuellement d'après les chiffres que voici :

En 3 0/0 :	12.122.428.433 fr. ;	en rentes :	363.672.863 fr.
4 0/0	11.152.400	—	446.096
4 1/2	832.232.800	—	37.450.476
5 0/0	6.920.032.100	—	346.001.605
	19.885.845.733 fr.		747.571.040 fr.
Plus :	965.000.000	Dette flottante du Trésor ;	
	640.000.000	Dette de l'Etat à la Banque de France.	
Total :	21.490.000.000 fr.		

Si l'on réduisait le 5 et le 4 1/2 en 4 pour cent, le tableau ci-contre se modifierait de la manière suivante :

Dette de la France :

En 3 0/0 : 12.122.428.433 fr. ; en rentes : 363.672.863 fr.
   4 0/0   7.763.417.300   —   310.536.692
            19.885.845.733 fr.   674.209.555 fr.

Ce qui soulagerait le budget d'une somme annuelle de 73.361.485 francs, provenant :

D'une réduction de 4.161.164 fr. sur la rente 4 1/2
      —   69.200.321   .   —   5 0/0
        Total : 73.361.485 fr.

C'est un gros chiffre, et, quand on réfléchit que, dans quelques années, la Banque de France, à laquelle on a remboursé déjà près d'un milliard, sera entièrement payée, que l'annuité de 150 millions, qui figure pour elle au budget, viendra s'ajouter à ces 73 millions d'économies, ainsi qu'aux excédants de recettes qui vont, chaque année, en augmentant, on éprouve un sentiment de satisfaction, non exempt d'orgueil, en se disant que jamais la France, jamais aucun pays peut-être ne s'est trouvé en face de perspectives financières d'une splendeur aussi prodigieuse.

Or, que faut-il pour arriver à ce premier résultat, d'une économie de 73 millions ?

Réaliser la conversion du 5 en 4, dont la réussite n'est pas douteuse, pour peu que les circonstances politiques nous permettent d'effectuer cette opération au milieu d'une période de tranquillité.

Qu'aurait-on à craindre d'ailleurs ?

Que les rentiers vinssent réclamer leur argent ? Mais que feraient-ils de cet argent ? L'emploiraient-ils à acheter du 3 0/0, alors que la seule annonce d'une conversion, opérée dans les conditions que nous venons d'indiquer, aurait pour résultat immédiat de le faire bondir à 80 et peut-être à 85 francs ?

Du reste, ce serait tant mieux, non-seulement pour l'Etat et pour le crédit de la France, mais encore parce que la hausse du 3 0/0 deviendrait une digue puissante, grâce à laquelle la grande masse des rentiers serait maintenue dans la nouvelle situation qui lui serait faite, et qu'elle s'estimerait heureuse de continuer à recevoir 4 0/0 d'intérêt (1).

Qu'on se tourne de tous côtés ; qu'on examine successivement les bonnes valeurs, depuis l'obligation des chemins de fer, qui ne rapporte que 4 à 4 1/8, jusqu'au bon du Trésor, qui ne rapporte que 1 ou 2 0/0.

Qu'on tienne compte des deux milliards qui dorment immobiles à la Banque de France, du demi-milliard qui reste oisif dans les caisses de nos principaux établissements de crédit, on reconnaîtra que partout il y a pléthore d'argent ; que le capital productif ne voudra pas venir augmenter cette pléthore et quitter la Rente française, qui lui rapportera 4 0/0, pour augmenter la masse inactive des capitaux sans emploi et sans revenu.

Quelles seraient, du reste, les valeurs sur lesquelles les rentiers pourraient employer leurs fonds en dehors de la Rente ?

Il peut y en avoir de trois ou quatre catégories : Les Emprunts de Ville ; les Obligations de chemins de fer ; les Actions de chemins de fer et Valeurs industrielles, et les Rentes étrangères.

Les Obligations de Ville rapportent à peine 3 1/2 à 4 0/0. En fait d'obligations de chemins de fer, celles qui offrent toute sécurité, comme les obligations du Nord et du Lyon, par exemple, rapportent net 4,10 0/0 et il suffi-

---

(1) En 1830, alors que la France avait un budget en déficit de 75 millions, la maison Rothschild soumissionnait un Emprunt 4 0,0 à 102.07 et bientôt ce même 4 0/0 atteignait le cours de 110.

rait de demandes un peu nombreuses pour élever leur prix et diminuer par suite leur rendement.

La conversion ne trouverait donc aucune concurrence de ce côté.

Les actions de chemins de fer, si nous ne prenons que celles qui offrent toute sécurité, donnent les revenus suivants :

Nord......................	4 67
Lyon......................	4 88
Orléans...................	4 64
Le Gaz parisien rapporte....	4 »
Moyenne........	4 54

Ainsi, des valeurs qui de tout temps ont été capitalisées de 1 à 1 1/2 0/0 au-dessous de la Rente, ne sont plus qu'à 1/2 0/0 d'écart, et l'on craindrait que le rentier abandonnât sa Rente pour profiter d'un si faible écart sur des valeurs soumises à toutes les incertitudes de l'industrie ?

C'est inadmissible, d'autant plus inadmissible que si le fait venait à se produire, il aurait immédiatement son correctif en lui-même, puisqu'il aurait pour résultat d'élever le prix de ces valeurs et de niveler leur revenu avec celui de la Rente.

Reste la concurrence des fonds étrangers, et nous ne voyons, à vrai dire, que celle de la Rente italienne qui soit redoutable.

Cela prouve le danger qu'il y a à ouvrir la cote et le marché français aux emprunts des Etats étrangers. Non-seulement nous tendons la main à la concurrence faite à notre propre crédit, mais nous mettons nos forces à la disposition de l'étranger ; c'est avec notre argent qu'on a construit des routes stratégiques et des chemins de fer en Espagne, en Italie, en Russie et en Autriche.

Si l'Angleterre et la France n'avaient pas avancé des milliards à la Russie, cette puissance n'aurait pas été en état d'entretenir une armée permanente et menaçante, qui pèse comme un cauchemar sur l'Europe depuis plus d'un an et qui ruine le commerce et l'industrie du monde entier.

S'il est vrai, comme c'est notre opinion, que l'argent soit toujours resté le nerf de la guerre, il est exactement aussi sensé d'ouvrir aux étrangers notre bourse et l'accès de nos marchés financiers, que de leur ouvrir nos arsenaux avec faculté d'y puiser à volonté.

Enfin, le mal est fait, la plupart des emprunts étrangers ont ruiné nos capitalistes, ceux qui restent font concurrence à nos Rentes et nuisent à notre crédit.

Il faut bien prendre son parti de ce qui existe, puisqu'il n'est plus temps de l'empêcher.

Il est certain que la Rente italienne sera le grand déversoir par lequel s'écoulera la plus grosse partie des capitaux provenant des demandes de remboursement.

Mais il ne faut pas s'exagérer, outre mesure, le danger.

Les formalités de l'*affidavit* éloignent beaucoup de capitalistes.

La mauvaise foi du gouvernement italien, qui a réduit sa rente à 4,34, alors qu'il s'était formellement engagé à payer 5, laisse toujours suspendue la crainte qu'un nouvel acte d'arbitraire vienne réduire encore, un jour ou l'autre, ce revenu de 4,34, et tient le rentier en défiance.

Bref, la Rente italienne rendra notre conversion un peu plus diffcile, mais ne sera certainement point une cause d'empêchement majeur.

En somme, on peut dire que jamais circonstances générales n'ont été plus propices pour la conversion que ne le sont les circonstances actuelles; c'est pourquoi il faut tirer de cette grande opération tout le parti qu'elle comporte et ne pas l'amoindrir par des demi-mesures ou de subtiles combinaisons.

Craindrait-on de n'être point assez sûr du succès, malgré toutes les chances de réussite que nous venons d'énumérer en partie?

Qu'on prenne alors d'autres garanties, qu'on se prémunisse contre toute possibilité d'un échec, qu'on écarte jusqu'à l'ombre d'un risque !

Rien n'est plus facile.

Le ministre des Finances n'a qu'à s'entendre avec un groupe financier formé, par exemple, de la Banque de France, de nos grands établissements de crédit et de nos principaux banquiers; puis demander à ce groupe de prendre l'engagement d'avancer, au besoin, à l'Etat, jusqu'à concurrence d'un milliard, contre bons du Trésor rapportant 3 ou même 4 0/0.

Dût-il se présenter pour un capital d'un milliard en Rentes au remboursement, l'Etat serait ainsi en mesure d'y faire face et d'assurer quand même la réussite de la conversion. Mais il s'en faut de beaucoup que le remboursement d'une pareille somme soit à craindre, et les faits suivants, résultant de circonstances infiniment moins favorables que celles au milieu desquelles nous nous trouvons, en fourniront la preuve :

L'Angleterre, dont la Rente était originairement du 6 0/0, a successivement réduit ce 6 en 5, puis en 4, en 3 1/2 et en 3 0/0.

Ces conversions ont eu lieu en 1716, 1729, 1822, 1830 et 1844, sans qu'aucune d'elles ait donné lieu à un échec.

La Belgique a converti son 5 en 4 1/2 0/0 en 1844.

La Prusse a converti le 4 en 3 1/2 0/0 en 1842.

La Hollande est arrivée à convertir sa rente en 2 1/2.

Toutes ces différentes conversions ont également bien réussi, et jamais, dans aucun cas, les demandes de remboursement n'ont atteint le dixième du capital de la Rente convertissable.

Arrivons à d'autres exemples qui nous touchent de plus

près, qui paraîtront plus topiques puisqu'ils sont empruntés à notre propre histoire financière et que leur date est toute récente.

En France, quand on décida en 1822 la conversion de 3 milliards 900 millions de francs de rente 5 0/0 en 4 0/0, il n'y eut que 69 *millions* de francs qui demandèrent le remboursement au pair.

En 1830 ce 4 0/0 fut converti en 3 1/2 et il n'y eut que 62 *millions* qui demandèrent le remboursement au pair.

En 1852, où la conversion rencontra une résistance en quelque sorte organisée et un parti pris de la faire échouer, au point que le gouvernement dut s'assurer le concours de banquiers, comme nous conseillons de le faire par mesure de précaution, en 1852, disons-nous, les demandes de remboursement ne s'élevèrent qu'à 74 millions, sur un capital de plus de trois milliards et demi.

Les demandes de remboursement n'ont donc été, comme en 1822, que d'environ 2 0/0.

Nous voulons néanmoins admettre l'hypothèse qu'elles puissent s'élever, pour cette fois, jusqu'à 10 0/0. Cette hypothèse est absolument invraisemblable, nous l'acceptons néanmoins.

Comme la dette, tant en 4 1/2 qu'en 5 0/0, monte en capital à 7,752,264,900, l'Etat aurait à faire face à un remboursement éventuel de 775 millions, et comme il réaliserait une économie annuelle de 73 millions, il se trouve qu'il serait en mesure de rembourser en moins de dix ans, par l'accumulation de cette simple économie, l'avance que la Banque et les établissements lui auraient consentie.

Mais il est aisé de voir que cette supposition est purement gratuite, et que l'Etat ne sera jamais obligé de recourir à une demande d'avance aussi considérable pour assurer la conversion du 5 en 4 0/0.

Il aura tout au plus à faire face, suivant les probabilités basées d'après les résultats précédents, à un remboursement de 150 à 200 millions.

La Banque et les banquiers pourraient se rembourser de cette avance, en vendant, avec l'autorisation de l'Etat, de la nouvelle Rente 4 0/0 au-dessus du pair, car il est indubitable qu'une fois la conversion terminée, le cours de 100 francs ne tarderait pas à être franchi.

Cette façon de procéder est aussi simple que pratique.

Nous sommes convaincu, en effet, de l'acceptation immédiate, de la part de la Banque de France et de son entourage, d'un contrat dans lequel le gouvernement stipulerait :

1° Que le groupe financier s'engagerait à lui fournir, au taux de 3 0/0, toutes les sommes nécessaires au remboursement du capital réclamé par suite de la conversion du 5 0/0 en 4 0/0.

2° Que le groupe s'engagerait, au besoin, à prendre ferme, en échange de son avance, de la Rente 4 0/0 au pair.

3° Que l'Etat bonifierait au groupe une commission de 1/2 0/0, sur le chiffre nominal de la dette convertissable, soit fr. 3.876.132.50, plus une autre commission de 1 ou 2 0/0 sur le capital de la Rente 4 0/0 qui serait prise ferme par le groupe, commission qui pourrait représenter un million et demi ou deux millions, soit, en chiffres ronds, une commission totale de 5 à 6 millions, pour assurer le succès absolu de la conversion.

Dans ces conditions, est-il permis de rester indécis ?

Non, la conversion s'impose à tous les bons esprits, à tous ceux qui ont souci des intérêts de l'Etat, du développement du travail, de l'extension de notre commerce, de la prospérité de notre agriculture et de notre industrie.

La conversion aura pour résultats d'alléger notre budget, de réduire le taux de l'intérêt, d'augmenter la confiance, de répandre le bien-être. C'est une mesure nécessaire et son succès est infaillible. Il ne s'agit que de l'entreprendre à propos et de la faire grandement, hardiment, sans cesser pour cela de la faire prudemment.

A la suite de cette mesure salutaire et du grand concours pacifique qui doit s'ouvrir l'année prochaine, on verra, parmi les merveilles que la France se prépare à exposer aux yeux du monde ébloui, le spectacle prodigieux d'un pays qui vient de perdre 10 milliards et dont le budget se solde par 300 millions d'excédant (1).

En face de cette perspective, dont on ne s'est pas assez rendu compte, on reconnaîtra bien vite que notre crédit vaut largement celui de l'Angleterre, sinon mieux ; que l'amortissement pourra bientôt fonctionner chez nous, grâce aux excédants budgétaires, sur une plus large échelle que dans n'importe quel pays du monde, et que notre 3 0/0 est destiné à se niveler dans un avenir qui n'est pas très éloigné, avec le 3 0/0 anglais, dont les garanties ne sont ni meilleures ni plus étendues.

Le jour où la conversion du 5 en 4 sera décidée, le 3 0/0 français vaudra 80 francs, six mois après il en vaudra 85, et ce prix sera mieux légitimé, par notre situation économique et financière, qu'il ne l'a jamais été sous la Restauration et sous le deuxième Empire.

Antoine BEAURE.

Paris, le 17 mars 1877.

---

(1) 73 millions d'économie résultant de la conversion ;
150 millions payés à la Banque et qui seront effacés du budget dans quatre ans ;
77 millions excédant probable. (Le mois de janvier seul vient de donner un excédant de 9 millions sur les prévisions !)
Ensemble : 300 millions.

Paris. — Imp. Dubuisson et Cie, rue Coq-Héron, 5.

Paris. — Imp. Dubuisson et Cᵉ, rue Coq-Héron, 5.

www.ingramcontent.com/pod-product-compliance
Lightning Source LLC
Chambersburg PA
CBHW050451210326
41520CB00019B/6160